# EXTENSION
# ES LIMITES DE PARIS

D'APRÈS LA LOI DU 16 JUIN 1859

ET

LE DÉCRET DU 1er NOVEMBRE DE LA MÊME ANNÉE

## TABLEAU INDICATIF

DES

### Circonscriptions des nouveaux arrondissements

ET DES

### Délimitations des quartiers

## PRIX : 25 CENTIMES

## PARIS

CHEZ DURAND, ÉDITEUR, RUE JACQUES DE BROSSE, 10

(3)

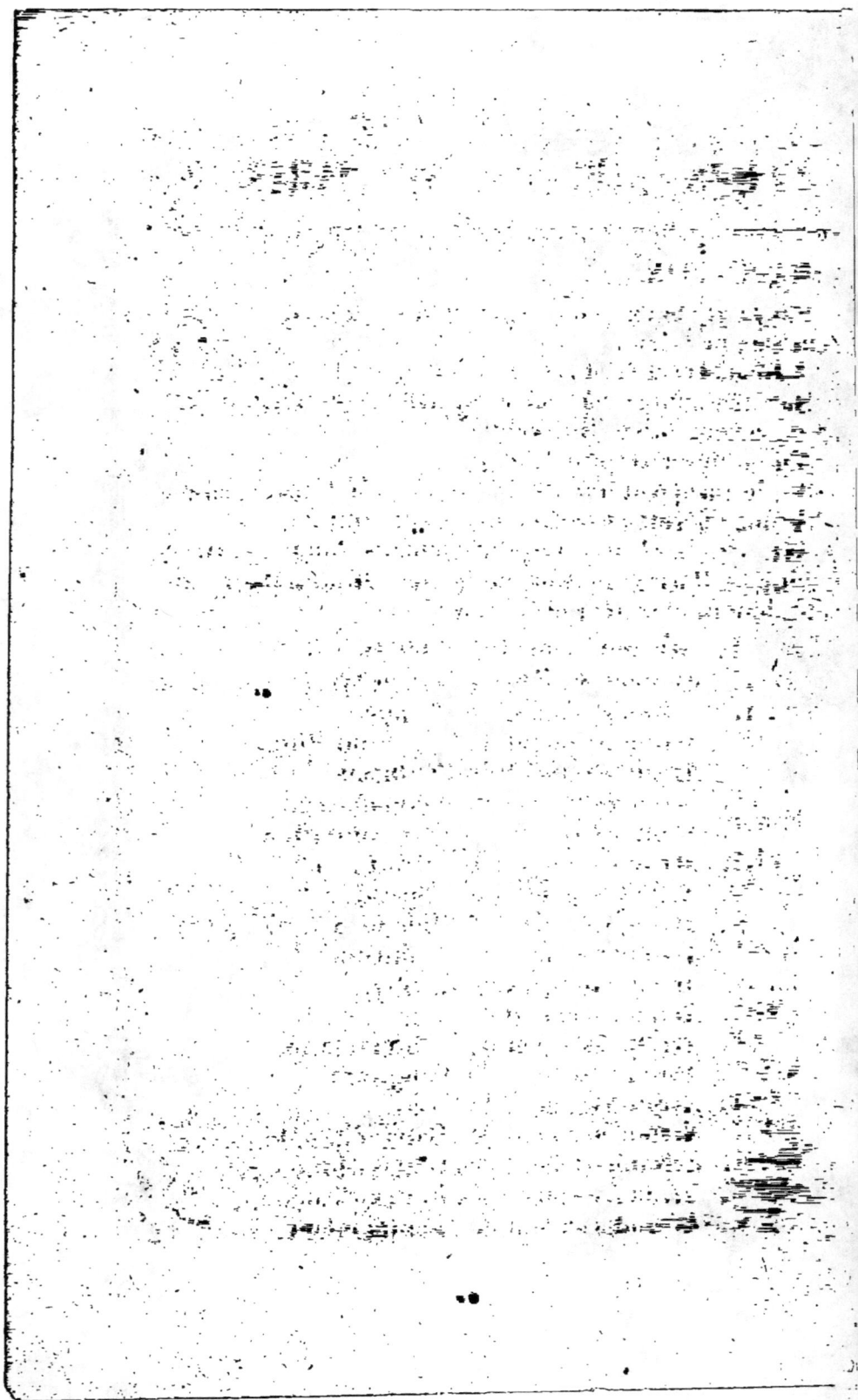

# EXTENSION
# DES LIMITES DE PARIS

NAPOLÉON,

Par la grâce de Dieu et la volonté nationale, Empereur des Français,

A tous présents et à venir, salut :

Sur le rapport de notre ministre secrétaire d'Etat au département de l'intérieur ;

Vu la loi du 16 juin 1859 ;

Vu les propositions du sénateur préfet de la Seine,

Avons décrété et décrétons ce qui suit :

Art. 1er. Les vingt arrondissements municipaux de la ville de Paris, créés par la loi du 16 juin 1859, seront dénommés ainsi qu'il suit :

    I. Arrondissement du Louvre.

    II. Arrondissement de la Bourse.

    III. Arrondissement du Temple.

    IV. Arrondissement de l'Hôtel de Ville.

    V. Arrondissement du Panthéon.

    VI. Arrondissement du Luxembourg.

    VII. Arrondissement du Palais Bourbon.

    VIII. Arrondissement de l'Elysée.

    IX. Arrondissement de l'Opéra.

    X. Arrondissement de l'Enclos Saint-Laurent.

    XI. Arrondissement de Popincourt.

    XII. Arrondissement de Reuilly.

    XIII. Arrondissement des Gobelins.

    XIV. Arrondissement de l'Observatoire.

    XV. Arrondissement de Vaugirard.

    XVI. Arrondissement de Passy.

    VVII. Arrondissement des Batignolles-Monceaux.

    XVIII. Arrondissement des Buttes-Montmartre.

    XIX. Arrondissement des Buttes-Chaumont.

    XX. Arrondissement de Ménilmontant.

Art. 2. La division des arrondissements en quartiers est établie suivant les indications du plan annexé au présent décret.

Art. 3. Notre ministre secrétaire d'État au département de l'intérieur est chargé de l'exécution du présent décret.

Fait au palais de Saint-Cloud, le 1er novembre 1859.

NAPOLEON.

Par l'Empereur :

*Le ministre secrétaire d'Etat au département de l'instruction publique et des cultes, chargé par intérim du département de l'intérieur,*
ROULAND.

---

## TABLEAU INDICATIF

### DES CIRCONSCRIPTIONS DES NOUVEAUX ARRONDISSEMENTS ET DES DÉLIMITATIONS DES QUARTIERS.

---

## PRÉFECTURE DU DÉPARTEMENT DE LA SEINE

Le sénateur préfet du département de la Seine, grand officier de l'ordre impérial de la Légion d'honneur ;

Vu la loi du 16 juin 1859, relative à l'extension des limites de Paris ;

Vu le décret du 1er novembre 1859, rendu pour l'exécution des articles 1er et 2 de cette loi,

Arrête :

Les quartiers des nouveaux arrondissements de Paris, formés d'après le plan annexé au décret du 1er novembre présent mois, seront désignés selon les indications de ce plan, rappelé au tableau joint au présent arrêté.

Ce tableau, qui fait connaître avec détail les circonscriptions des nouveaux arrondissements et quartiers, sera publié par voie d'affiches.

Fait à Paris, le 3 novembre 1859.

G.-E. HAUSSMANN.

Pour ampliation :

Le secrétaire générale de la préfecture,

A. MERRUAU.

## TABLEAU INDICATIF

### DES CIRCONSCRIPTIONS DES NOUVEAUX ARRONDISSEMENTS ET QUARTIERS DE PARIS.

### 1er Arrondissement du Louvre.

Une ligne partant du milieu de la Seine, en face de l'angle sud-ouest du jardin des Tuileries suivant les murs côté ouest dudit jardin et l'axe des rues Saint-Florentin, Richepanse et Duphot jusqu'au boulevard de la Madeleine. — l'axe dudit boulevard et celui des rues Nve des Capucines, Nve des Petits Champs jusqu'à la place des Victoires ; — de ce point jusqu'au boulevard de Sébastopol, la limite de l'arrondissement sera formée plus tard par l'axe du prolongement projeté de la rue aux Ours ; — quant à présent elle est déterminée par une ligne suivant le milieu de la rue Pagevin jusqu'au mur mitoyen entre les deux nos 32, — le mur au fond du premier no 32 et des nos 30 et 28 et celui séparant les nos 11 et 13 de la rue Soly, — l'axe de ladite rue Soly, celui de la rue de la Jussienne, les murs mitoyens, côté sud, des propriétés no 10 de ladite rue de la Jussienne, 35, 33, 31 de la rue Montmartre, ceux côté ouest des propriétés nos 17, 19 et 21 rue Jean-Jacques Rousseau, et celui côté nord de ladite propriété no 21 jusqu'à cette dernière rue, — l'axe de ladite rue Jean-Jacques Rousseau, et celui de la rue Tiquetonne jusqu'au mur mitoyen séparant les nos 15 et 13, — des murs mitoyens ouest et

sud dudit n. 13, ceux côtés ouest et nord des propriétés 29, 31, 33, rué Montorgueil, — traversant ensuite
le parc aux huitres jusqu'à l'angle des murs séparant
cet établissement de la propriété rue Francoise, n. 7,
— suivant les limites ouest des propriétés 5 et 3 de
ladite rue et le mur mitoyen de gauche de cette dernière propriété jusqu'à la rue Francoise, — l'axe de la
rue Francoise, celui des rues Mauconseil et aux Ours
prolongée jusqu'au boulevard Sébastopol, — à partir
de ce point par une ligne suivant l'axe dudit boulevard jusqu'au milieu du pont Saint-Michel, — et le milieu de la Seine jusqu'au point de départ.

## DÉLIMITATIONS DES QUARTIERS.

**1. SAINT-GERMAIN L'AUXERROIS.** — Une ligne partant du milieu de la Seine en face de l'angle sud-ouest
du jardin des Tuileries, et suivant les murs, côté ouest,
dudit jardin, — l'axe de la rue de Rivoli, — celui du
boulevard de Sébastopol jusqu'au milieu du pont Sain-
Michel, — et le milieu de la Seine jusqu'au point de
départ.

**2. DES HALLES.** — Une ligne partant du milieu de
la rue de Rivoli, en face de la rue de Marengo, et suivant l'axe des rues de Marengo, et de la Croix des
Petits Champs jusqu'à la place des Victoires, — l'axe
du prolongement de la rue aux Ours jusqu'au boulevard de Sébastopol, tel qu'il est indiqué ci-contre à la
délimitation du 1er arrondissement, et enfin l'axe dudit boulevard de Sébastopol et de la rue de Rivoli jusqu'au point de départ,

**3. DU PALAIS-ROYAL.** — Une ligne partant de la rue
de Rivoli, et suivant l'axe des rues du Dauphin et
Neuve Saint-Roch, — Neuve des Petits Champs, de
la place des Victoires, — des rues de la Croix des
Petits Champs, de Marengo, — et de Rivoli jusqu'au
point de départ.

**4. DE LA PLACE VENDOME.** — Une ligne partant de

la rue de Rivoli et suivant l'axe des rues de Saint-Florentin, Richepance et Duphot, des rues Neuve des Capucines, Neuve des Petits Champs, — Neuve Saint-Roch, du Dauphin, — et de Rivoli jusqu'au point de départ.

### 2ᶜ Arrondissement de la Bourse.

Une ligne partant du boulevard des Capucines, en face la rue Neuve des Capucines, et suivant l'axe dudit boulevard et des boulevards des Italiens, Montmartre, Poissonnière, de Bonne Nouvelle, Saint-Denis jusqu'au boulevard de Sébastopol, — l'axe dudit boulevard jusqu'à la rue aux Ours, — l'axe du prolongement de ladite rue jusqu'à la place des Victoires, tel qu'il a été indiqué ci-dessus à la délimitation du 1ᵉʳ arrondissement, — l'axe de la place des Victoires et celui des rues Neuve des Petits Champs et Neuve des Capucines jusqu'au point de départ.

## DÉLIMITATIONS DES QUARTIERS.

5. GAILLON. — Une ligne partant du boulevard des Capucines, en face de la rue Neuve des Capucines, et suivant l'axe dudit boulevard, du boulevard des Italiens, — des rues de Grammont, Sainte-Anne, — Nve des Petits Champs et Neuve des Capucines jusqu'au point de départ.

6. VIVIENNE. — Une ligne partant de la rue Neuve des Petits Champs et suivant l'axe des rues Sainte-Anne et de Grammont, — des boulevards des Italiens et Montmartre, — des rues Montmartre, Notre-Dame des Victoires, Vide Gousset, — de la place des Victoires et de la rue Neuve des Petits champs jusqu'au point de départ.

7. DU MAIL. — Une ligne partant de la place des Victoires et suivant l'axe des rues Vide-Gousset, Notre-Dame des Victoires et Montmartre, du boulevard Poissonnière, — des rues Poissonnière, des Petits

Carreaux, Montorgueil, — et du prolongement de la rue aux Ours, jusqu'à la place des Victoires, tel qu'il est indiqué ci-contre à la délimitation de l'arrondissement.

8. DE BONNE-NOUVELLE. — Une ligne partant de l'axe du prolongement de la rue aux Ours et suivant l'axe des rues Montorgueil, des Petits Carreaux et Poissonnière, — des boulevards de Bonne Nouvelle, Saint-Denis et de Sébastopol jusqu'à la rue aux Ours, — et enfin l'axe du prolongement de ladite rue jusqu'à la rue Montorgueil, tel qu'il est indiqué ci-contre à la délimitation du 1er arrondissement.

### 3e. Arrondissement du Temple.

Une ligne partant du boulevard de Sébastopol, en face de la rue de Rambuteau et suivant l'axe du boulevard de Sébastopol jusqu'au boulevard Saint-Denis; — des boulevards Saint-Denis, Saint-Martin, du Temple, des Filles du Calvaire, de Beaumarchais jusqu'à la rue du Pas de la Mule; — l'axe de ladite rue, de celle formant le côté nord de la place Royale et des rues de l'Echarpe, Neuve Sainte-Catherine, des Francs-Bourgeois, de Paradis et de Rambuteau jusqu'au point de départ.

## DÉLIMITATIONS DES QUARTIERS.

9. DES ARTS ET MÉTIERS. — Une ligne partant du boulevard de Sébastopol, en face de la rue du Grand-Hurleur, et suivant l'axe des boulevards de Sébastopol, — Saint-Denis et Saint-Martin, — des rues du Temple, des Gravilliers et du Grand-Hurleur jusqu'au point de départ.

10. DES ENFANTS-ROUGES. — Une ligne partant de la rue du Temple, en face de la rue Pastourelle, et suivant l'axe de la rue du Temple, — des boulevards du Temple, des Filles du Calvaire, — des rues du

Pont aux Choux, de l'Oseille, de Poitou, d'Anjou et de Pastourelle jusqu'au point de départ.

11. DES ARCHIVES. — Une ligne partant de la rue du Chaume, en face de la rue de Paradis et suivant l'axe des rues du Chaume, du Grand Chantier, — d'Anjou, de Poitou, de l'Oseille, du Pont aux Choux, — du boulevard de Beaumarchais, — de la rue du Pas de la Mule, de la rue bordant au nord la place Royale, et des rues de l'Echarpe, Neuve Sainte-Catherine, des Francs Bourgeois et de Paradis jusqu'au point de départ.

12. SAINTE-AVOIE. — Une ligne partant du boulevard de Sébastopol, en face de la rue de Rambuteau, suivant l'axe dudit boulevard, — celui des rues du Grand Hurleur, des Gravilliers, Pastourelle, — du Grand Chantier, du Chaume et de Rambuteau jusqu'au point de départ.

### 4e. Arrondissement de l'Hôtel de Ville.

Une ligne partant du milieu du pont Saint-Michel et suivant l'axe du boulevard de Sébastopol jusqu'à la rue de Rambuteau, — l'axe de cette rue et celui des rues de Paradis, des Francs Bourgeois, Neuve Sainte-Catherine, de l'Echarpe, latérale au nord de la place Royale, du Pas de la Mule, — du boulevard Beaumarchais, de la place de la Bastille, — de la gare de l'Arsenal, — et enfin le milieu de la Seine, jusqu'au point de départ.

## DÉLIMITATIONS DES QUARTIERS.

13. SAINT-MERRI. — Une ligne partant du milieu du pont au Change, et suivant l'axe du boulevard de Sébastopol, — de la rue de Rambuteau, — des rues du Chaume, de l'Homme Armé, des Billettes, des Deux-Portes et Lobau, — et le milieu du grand bras de la Seine jusqu'au point de départ.

14. SAINT-GERVAIS. — Une ligne partant du milieu

de la Seine, en face de la rue Lobau, et suivant l'axe des rues Lobau, des Deux-Portes, des Billettes, de l'Homme Armé et du Chaume, — des rues de Paradis, des Francs Bourgeois, Neuve Sainte-Catherine, — des rues du Val Sainte-Catherine et Saint-Paul, — et le milieu du petit bras de la Seine jusqu'au point de départ.

15. DE L'ARSENAL. — Une ligne partant du milieu du petit bras de la Seine, en face de la rue Saint-Paul, et suivant l'axe des rues Saint-Paul et du Val Sainte-Catherine, des rues de l'Echarpe, latérale au nord de la place Royale, de la rue du Pas de la Mule, — du boulevard de Beaumarchais, — de la place de la Bastille, — le milieu de la gare de l'arsenal, — le milieu de la Seine jusqu'à l'estacade et le milieu du petit bras jusqu'au point de départ.

16. NOTRE-DAME. — Une ligne partant du milieu du pont Saint-Michel, suivant l'axe du boulevard de Sébastopol jusqu'au milieu du pont au Change, — le milieu du petit et du grand bras de la Seine jusqu'à l'estacade, — et, redescendant par le milieu du grand et du petit bras, jusqu'au point de départ.

### 5e. Arrondissement du Panthéon.

Une ligne partant du carrefour de l'Observatoire, suivant l'axe du boulevard de Sébastopol jusqu'au milieu du pont Saint-Michel, — le milieu du petit et du grand bras de la Seine, l'axe du pont d'Austerlitz et du boulevard de l'Hôpital jusqu'au Marché aux Chevaux; — de ce point jusqu'au carrefour de l'Observatoire, la limite de l'arrondissement sera formée plus tard par l'axe du boulevard Saint-Marcel; quant à présent, elle est déterminée par une ligne suivant l'axe du Marché aux Chevaux, — des rues du Marché aux Chevaux, du Cendrier, des Fossés Saint-Marcel, des Francs Bourgeois Saint-Marcel, — traversant la place de la Collégiale, — suivant les murs mitoyens nord des propriétés portant les nos 15, place de la Collégiale, et 223, rue Mouffetard, — l'axe des rues Mouffetard et des Trois-Couronnes, — le mur mitoyen de gauche de la propriété portant le n° 8 sur cette dernière rue, les murs de fond des propriétés nos 2, 4, 6, 8, 10 et 12 de la rue Saint-Hippolyte, — le milieu de la rivière de Bièvre, — le mur mitoyen nord de la propriété n° 29, rue Pascal, l'axe des rues Pascal, Cochin, des Bourguignons, du Champ des Capucins, de Port-Royal et du boulevard du Mont-Parnasse jusqu'au point de départ.

## DÉLIMITATIONS DES QUARTIERS.

17. SAINT-VICTOR. — Une ligne partant de la rue Mouffetard, en face de la rue de la Contrescarpe et suivant l'axe des rues Mouffetard, Descartes, de la Montagne Sainte-Geneviève, de la place Maubert et de la rue du Haut Pavé jusqu'au milieu de la Seine, — le milieu de la Seine jusqu'en face de la rue Cuvier, — l'axe de la rue Cuvier et celui de la rue Lacépède jusqu'au point de départ.

18. DU JARDIN DES PLANTES. — Une ligne partant de la rue Pascal, en face de la rue Cochin et suivant l'axe des rues Pascal et Mouffetard, — des rues Lacépède et Cuvier, — le milieu de la Seine jusqu'au pont d'Austerlitz, — l'axe de ce pont, celui du boulevard de l'Hôpital et enfin celui du boulevard Saint-Marcel jusqu'à la rue Pascal, tel qu'il est indiqué ci-contre à la délimitation de l'arrondissement.

19. DU VAL DE GRACE. — Une ligne partant du carrefour de l'Observatoire et suivant l'axe du boulevard de Sébastopol jusqu'à la rue Soufflot, l'axe des rues Soufflot, Saint-Hyacinthe, des Fossés Saint-Jacques, de la place de l'Estrapade, des rues de la Vieille-Estrapade et Contrescarpe, — Mouffetard et Pascal jusqu'à la rue Cochin, — de ce point jusqu'au carrefour de l'Observatoire, l'axe du boulevard Saint-Marcel, tel

qu'il est indiqué ci-contre à la délimitation de l'arrondissement.

**20.** DE LA SORBONNE. — Une ligne partant du boulevard de Sébastopol, en face de la rue Soufflot, et suivant l'axe dudit boulevard jusqu'au milieu du pont Saint-Michel, le petit bras de la Seine jusqu'en face de la rue du Haut-Pavé, — l'axe de cette rue et celui de la place Maubert, des rues de la Montagne Sainte-Geneviève, Descartes et Mouffetard, — et enfin des rues de la Contrescarpe, de la Vieille Estrapade, de la place de l'Estrapade et des rues des Fossés Saint-Jacques, Saint-Hyacinthe et Soufflot jusqu'au point de départ.

### 6e. Arrondissement du Luxembourg.

Une ligne partant de la rue de Sèvres en face du boulevard du Montparnasse, suivant l'axe de la rue de Sèvres jusqu'aux n$^{os}$ 10 et 8 de ladite rue; de ce point jusqu'à la rue de Grenelle, la limite de l'arrondissement sera formée plus tard par l'axe du prolongement projeté de la rue des Saints-Pères; quant à présent, elle est déterminée par une ligne suivant l'axe des murs mitoyens ouest des propriétés n° 8, rue de Sèvres, et n° 7, rue de Grenelle (mairie du 10e arrondissement), par l'axe de la rue des Saints-Pères et du pont du Carrousel jusqu'au milieu de la Seine, — le milieu de la Seine jusqu'au milieu du pont Saint-Michel, l'axe dudit pont et du boulevart de Sébastopol jusqu'au carrefour de l'Observatoire, — et enfin par l'axe du boulevard du Montparnasse jusqu'au point de départ.

## DÉLIMITATIONS DES QUARTIERS.

**21.** DE LA MONNAIE. — Une ligne partant de la rue de Seine, en face de la rue de l'Ecole de Médecine, suivant l'axe de la rue de Seine jusqu'au quai Malaquais, longeant à l'ouest les bâtiments de l'Institut, se prolongeant jusqu'au milieu de la Seine, — et suivant le milieu du petit bras jusqu'au milieu du pont Saint-Michel, — l'axe du boulevard de Sébastopol, — et enfin celui de la rue de l'Ecole de Médecine jusqu'au point de départ.

**22.** DE L'ODÉON. — Une ligne partant du carrefour de l'Observatoire et suivant l'axe des rues de l'Ouest, de Madame, du Gindre, du Vieux-Colombier, Neuve Guillemin, — du Four et de l'Ecole de Médecine, — et enfin du boulevard de Sébastopol jusqu'au point de départ.

**23.** NOTRE DAME DES CHAMPS. — Une ligne partant de la rue de Sèvres, en face du boulevard du Montparnasse, et suivant l'axe de ladite rue du carrefour de la Croix-Rouge, de la rue du Four, — des rues Neuve Guillemin, du Vieux-Colombier, du Gindre, de Madame, de l'Ouest, du carrefour de l'Observatoire, et enfin du boulevard du Montparnasse jusqu'au point de départ. —

**24.** SAINT-GERMAIN DES PRÉS. — Une ligne partant de la rue de Sèvres, en face les nos 8 et 40, suivant l'axe du prolongement projeté de la rue des Saints-Pères, tel qu'il est indiqué ci-contre à la délimitation de l'arrondissement; — l'axe de la rue des Saints-Pères et du pont du Carrousel, — le milieu de la Seine jusqu'en face du pavillon ouest de l'Institut, longeant la face ouest dudit pavillon, et suivant l'axe de la rue de Seine, — et enfin des rues de l'Ecole de Médecine, du Four, du carrefour de la Croix-Rouge et de la rue de Sèvres jusqu'au point de départ.

## 7e. Arrondissement du Palais-Bourbon.

Une ligne partant du milieu de la Seine, en face de l'avenue de Suffren, remontant le cours du fleuve jusqu'au milieu du pont du Carrousel, — et suivant l'axe dudit pont, celui du quai Voltaire, — de la rue des Saints-Pères jusqu'à la rue de Grenelle, l'axe du prolongement de ladite rue des Saints-Pères, tel qu'il est indiqué à la délimitation du 6e arrondissement, — l'axe de la rue de Sèvres, — de l'avenue de Saxe, — de la rue Pérignon jusqu'au prolongement de l'avenue de Suffren, — l'axe dudit prolongement et celui de l'avenue de Suffren jusqu'au point de départ.

## DÉLIMITATIONS DES QUARTIERS.

**25.** SAINT-THOMAS D'AQUIN. — Une ligne partant du milieu de la Seine, en face de la rue de Bellechasse, remontant le cours du fleuve jusqu'au milieu du pont du Carousel, — et suivant l'axe dudit pont, — celui du quai Voltaire, — de la rue des Saints-Pères jusqu'à la rue de Grenelle et de son prolongement tel qu'il est indiqué à la délimitation du 6e arrondissement, — l'axe des rues de Sèvres, — Vanneau et de Bellechasse jusqu'au point de départ.

**26.** DES INVALIDES. — Une ligne partant du milieu du pont des Invalides, remontant le cours de la Seine jusqu'en face de la rue de Bellechasse, — et suivant l'axe des rues de Bellechasse, Vanneau, de Babylone, — du boulevard des Invalides, — de l'avenue de Tourville, — du boulevard de La Tour Maubourg et de son prolongement jusqu'au point de départ ; — provisoirement pour la section comprise entre l'avenue de la Motte Piquet et la rue Saint-Dominique, la délimitation est déterminée par une ligne passant à l'ouest du bâtiment de la Buanderie des Invalides, suivant le mur pignon de droite du bâtiment n° 129, — l'axe de la rue et de l'impasse de Grenelle, les murs mitoyens sud et est de la propriété située au fond de ladite impasse et le mur mitoyen est de la propriété portant les nos 149 et 151 sur la rue Saint-Dominique.

**27.** DE L'ÉCOLE MILITAIRE. — Une ligne partant de l'avenue de Suffren, à l'angle ouest de l'Ecole Militaire, passant au-devant des bâtiments de ladite école ayant façade sur le Champ de Mars, suivant ensuite l'axe de l'avenue de Tourville, — du boulevard des Invalides, — des rues de Babylone, Vanneau et de Sèvres, — de l'avenue de Saxe, — de la rue Pérignon jusqu'au prolongement de l'axe de l'avenue de Suffren, l'axe dudit prolongement jusqu'au point de départ.

28. DU GROS CAILLOU. — Une ligne partant du milieu de la Seine, en face de l'avenue de Suffren, remontant le cours du fleuve jusqu'au milieu du pont des Invalides, — suivant l'axe dudit pont, l'axe du prolongement du boulevard de La Tour Maubourg, tel qu'il est indiqué à la délimitation du quartier des Invalides, l'axe dudit boulevard de La Tour Maubourg, — celui de l'avenue de Tourville jusqu'à l'avenue de La Bourdonnaie, passant au droit des bâtiments de l'École Militaire en façade sur le Champ de Mars et suivant l'axe de l'avenue de Suffren jusqu'au point de départ.

## 8e. Arrondissement de l'Élysée.

Une ligne partant du milieu du pont de l'Alma, suivant l'axe de ce pont et plus tard celui du boulevard projeté entre ledit pont et la place de l'Étoile; quant à présent, la limite de l'arrondissement sera déterminée par une ligne suivant les murs de fond des propriétés situées sur le côté impair de la rue Bizet, du n° 1 à 19, — l'axe de la rue Bizet, celui du boulevard projeté jusqu'aux murs de fond des propriétés n°s 54 et 56, rue de Chaillot, — le mur séparant cette dernière propriété du n° 58, l'axe des rues de Chaillot et Sainte-Geneviève jusqu'à la ruelle des Jardins, les murs de fond des propriétés n°s 91, 93 et 95 de la rue de Chaillot, — l'axe du boulevard projeté jusqu'à la place de l'Étoile; suivant ensuite l'axe de ladite place, celui des boulevards de l'Étoile, de Courcelles, de Monceaux, des Batignolles, — des rues d'Amsterdam, du Havre, de la Ferme des Mathurins, — du boulevard de la Madeleine, — des rues Duphot, Richepance et de

Saint-Florentin, les murs ouest du jardin des Tuileries, — et enfin du milieu de la Seine jusqu'au point de départ.

## DÉLIMITATIONS DES QUARTIERS.

**29. DES CHAMPS ÉLYSÉES.** — Une ligne partant du milieu du pont de l'Alma et suivant l'axe dudit pont et celui du boulevard projeté entre ce pont et la place de l'Etoile, tel qu'il est indiqué ci-contre à la délimitation de l'arrondissement, l'axe de ladite place de l'Etoile, — celui des avenues des Champs Elysées, de Matignon, — Gabriel, de la partie nord de la place de la Concorde, — les murs ouest du jardin des Tuileries, — et le milieu de la Seine jusqu'au point de départ.

**30. DU ROULE.** — Une ligne partant du milieu de l'arc de triomphe de l'Etoile et suivant l'axe des boulevards de l'Etoile et de Courcelles, — l'axe des rues de Courcelles, — de la Pépinière, du Faubourg Saint-Honoré, — Montaigne, Rabelais, — et enfin des avenues de Matignon et des Champs-Elysées jusqu'au point de départ.

**31. DE LA MADELEINE.** — Une ligne partant de l'avenue de Matignon, en face de l'avenue Gabriel, suivant l'axe de l'avenue de Matignon, — des rues Rabelais, Montaigne, — et du Faubourg Saint-Honoré, — des rues de la Pépinière et Saint-Lazare, — des rues du Havre, de la Ferme des Mathurins, — du boulevard de la Madeleine, — des rues Duphot, Richepance et de Saint-Florentin, — de la partie nord de la place de la Concorde, et enfin de l'avenue Gabriel jusqu'au point de départ.

**32. DE L'EUROPE.** — Une ligne partant du boulevard de Courcelles, en face de la rue du même nom, et suivant l'axe des boulevards de Courcelles, de Monceaux, des Batignolles, — des rues d'Amsterdam, — Saint-Lazare, de la Pépinière, et enfin de Courcelles jusqu'au point de départ.

## 9ᵉ. Arrondissement de l'Opéra.

Une ligne partant du boulevard de la Madeleine, et suivant l'axe des rues de la Ferme des Mathurins, du Havre et d'Amsterdam, — des boulevards de Clichy, Pigalle, des Martyrs, de Rochechouart et des Poissonniers, — de la rue du Faubourg Poissonnière, — et enfin des boulevards Poissonnière, Montmartre, des Italiens, des Capucines et de la Madeleine jusqu'au point de départ.

## DÉLIMITATIONS DES QUARTIERS.

**33. SAINT-GEORGES.** — Une ligne partant de la rue Saint-Lazare et suivant l'axe de la rue d'Amsterdam, — des boulevards de Clichy, Pigalle, des Martyrs, de la rue des Martyrs, — et enfin de la rue Saint-Lazare jusqu'au point de départ.

**34. DE LA CHAUSSÉE D'ANTIN.** — Une ligne partant du boulevard de la Madeleine, et suivant l'axe des rues de la Ferme des Mathurins et du Havre, — des rues Fléchier et Laffitte, — et enfin des boulevards des Italiens, des Capucines et de la Madeleine jusqu'au point de départ.

**35. DU FAUBOURG MONTMARTRE.** — Une ligne partant du boulevard des Italiens, et suivant l'axe des rues Laffitte et Fléchier, — des rues de Lamartine et de Montholon, — de la rue du Faubourg Poissonnière, — et enfin des boulevards Poissonnière, Montmartre et des Italiens jusqu'au point de départ.

**36. DE ROCHECHOUART.** — Une ligne partant de l'extrémité de la rue de Lamartine et suivant l'axe de la rue des Martyrs, — des boulevards de Rochechouart et des Poissonniers, — de la rue du Faubourg Poissonnière jusqu'à la rue de Montholon, — et enfin l'axe de cette dernière rue et de la rue de Lamartine jusqu'au point de départ.

## 10°. Arrondissement de l'Enclos St-Laurent.

Une ligne partant de l'extrémité du boulevard de Bonne Nouvelle, et suivant l'axe de la rue du Faubourg Poissonnière, — des boulevards de la Chapelle, des Vertus, de la Villette, de la place de la Rotonde, des boulevards de la Butte-Chaumont, du Combat et de la Chopinette, — de la rue du Faubourg du Temple, — et enfin des boulevards Saint-Martin, Saint-Denis et de Bonne Nouvelle jusqu'au point de départ.

## DÉLIMITATIONS DES QUARTIERS.

**37.** SAINT-VINCENT DE PAUL. — Une ligne partant de l'extrémité de la rue de Chabrol et suivant l'axe de la rue du Faubourg Poissonnière, — des boulevards de la Chapelle, des Vertus et de la Villette, — de la rue du Faubourg Saint-Martin, — et enfin des rues de Strasbourg et de Chabrol jusqu'au point de départ.

**38.** DE LA PORTE SAINT-DENIS. — Une ligne partant de l'extrémité du boulevard de Bonne Nouvelle et suivant l'axe de la rue du Faubourg Poissonnière, — des rues de Chabrol et de Strasbourg jusqu'au boulevard de Sébastopol, — l'axe dudit boulevard jusqu'au boulevard Saint-Denis, — et enfin des boulevards Saint-Denis et de Bonne Nouvelle jusqu'au point de départ.

**39.** DE LA PORTE SAINT-MARTIN. — Une ligne partant du boulevard Saint-Denis et suivant l'axe du boulevard de Sébastopol, — des rues de Strasbourg, — du Faubourg Saint-Martin, — les Récollets, Bichat, — de la rue du Faubourg du Temple, — et enfin des boulevards Saint-Martin et Saint-Denis jusqu'au point de départ.

**40.** DE L'HOPITAL SAINT-LOUIS. — Une ligne partant de l'extrémité de la rue des Récollets et suivant l'axe de la rue du Faubourg Saint-Martin, — de la place de la Rotonde et des boulevards de la Butte

Chaumont, du Combat et de la Chopinette, — de la rue du Faubourg du Temple, — et enfin des rues Bichat et des Récollets jusqu'au point de départ.

### 11e. Arrondissement de Popincourt.

Une ligne partant de l'extrémité du boulevard du Temple et suivant l'axe de la rue du Faubourg du Temple, — des boulevards de Belleville, des Trois Couronnes, des Amendiers, d'Aunay, de Fontarabie, de Charonne et de Montreuil, — de l'avenue et de la place du Trône, — de la rue du Faubourg Saint-Antoine et de la place de la Bastille, — et enfin des boulevards de Beaumarchais, des Filles du Calvaire et du Temple jusqu'au point de départ.

## DÉLIMITATIONS DES QUARTIERS.

41. DE LA FOLIE MÉRICOURT. — Une ligne partant de l'extrémité du boulevard du Temple et suivant l'axe de la rue du Faubourg du Temple, — des boulevards de Belleville et des Trois Couronnes, — de la rue de Ménilmontant, — et enfin des boulevards des Filles du Calvaire et du Temple jusqu'au point de départ.

42. SAINT-AMBROISE. — Une ligne partant du boulevard des Filles du Calvaire et suivant l'axe de la rue de Ménilmontant, — du boulevard des Amandiers, — des rues des Amandiers et du Chemin Vert, et enfin des boulevards de Beaumarchais et des Filles du Calvaire jusqu'au point de départ.

43. DE LA ROQUETTE. — Une ligne partant de la place de la Bastille et suivant l'axe du boulevard de Beaumarchais, — des rues du Chemin Vert et des Amandiers, — des boulevards d'Aunay et de Fontarabie, — des rues de Charonne et du Faubourg Saint-Antoine jusqu'au point de départ.

44. SAINTE-MARGUERITE. — Une ligne partant de la rue du Faubourg Saint-Antoine et suivant l'axe de la rue de Charonne, — des boulevards de Charonne et de

Montreuil,—de l'avenue et de la place du Trône, et de la rue du Faubourg Saint-Antoine jusqu'au point de départ.

### 12e. Arrondissement de Reuilly.

Une ligne partant du milieu de la Seine, en face le débouché de la gare de l'Arsenal, et suivant l'axe de ladite gare et de la place de la Bastille,—de la rue du Faubourg Saint-Antoine, de la place et de l'avenue du Trône, et du cours de Vincennes jusqu'à la limite des terrains militaires,—le pied du glacis jusqu'à la Seine, —et enfin le milieu dudit fleuve jusqu'au point de départ.

## DÉLIMITATIONS DES QUARTIERS.

**45. DU BEL-AIR.** — Une ligne partant du milieu du cours de Vincennes, en face le boulevard de Montreuil, et suivant l'axe dudit cours jusqu'à la limite des terrains militaires, — le pied du glacis jusqu'au prolongement du chemin de la Croix Rouge,— et suivant l'axe dudit chemin —et des boulevards de Picpus et de Saint-Mandé jusqu'au point de départ.

**46. DE PICPUS.** — Une ligne partant du carrefour de Reuilly, suivant l'axe de la rue du Faubourg Saint-Antoine, de la place et de l'avenue du Trône, —des boulevards de Saint-Mandé et de Picpus, — du chemin de la Croix Rouge et son prolongement direct jusqu'au pied du glacis, — suivant le pied dudit glacis jusqu'à la rue de Charenton et l'axe de la rue de Charenton jusqu'au carfour de la rue Rambouillet ;—de ce point, la limite du quartier sera déterminée plus tard par l'axe d'une rue projetée entre ledit carrefour et celui de Reuilly ; mais, quant à présent, cette limite suivra une ligne fictive partant de l'extrémité de droite du mur de face de la propriété, rue de Charenton, n° 143, traversant le boulevard Mazas, au débouché de l'amorce de la rue ouverte entre les propriétés récemment élevées sur ce boulevard se prolongeant directement jusqu'à l'angle formé par les murs de fond des propriétés n° 6, rue de Reuilly, et n° 200, rue du Faubourg Saint-Antoine, et suivant le mur mitoyen séparant cette dernière propriété dudit n° 6, et des n°s 2 et 4 sur la rue de Reuilly.

47. DE BERCY. — Une ligne partant du milieu de la Seine et suivant l'axe des rues Villiot et de Rambouillet, — de la rue de Charenton jusqu'à la limite des terrains militaires, — le pied du glacis jusqu'à la Seine, — et le milieu dudit fleuve jusqu'à la rue Villiot.

48. DES QUINZE-VINGTS. — Une ligne partant du milieu de la Seine, en face le débouché de la gare de l'Arsenal, et suivant l'axe de ladite gare et de la place de la Bastille, — de la rue du Faubourg Saint-Antoine, — celui de la rue projetée entre les carrefours de Reuilly et de Rambouillet, tel qu'il est ci-dessus décrit à la délimitation du quartier de Picpus, — l'axe des rues de Rambouillet et Villiot, — et le milieu de la Seine jusqu'au point de départ.

## 13e. Arrondissement des Gobelins.

Une ligne partant du Champ des Capucins et suivant l'axe du boulevard Saint-Marcel jusqu'au boulevard de l'Hôpital, tel qu'il est indiqué à la délimitation du 5e arrondissement, l'axe du boulevard de l'Hôpital et du pont d'Austerlitz jusqu'au milieu dudit pont, — le milieu de la Seine jusqu'au droit des limites des terrains militaires, suivant le pied du glacis jusqu'à la rue de la Glacière, — et l'axe de cette rue et de la rue de la Santé jusqu'au point de départ.

## DÉLIMITATIONS DES QUARTIERS.

49. DE LA SALPÊTRIÈRE. — Une ligne partant de la rue Mouffetard est suivant l'axe du boulevard Saint-Marcel jusqu'au boulevard de l'Hôpital, tel qu'il est

indiqué à la délimitation du 5e arrondissement, l'axe du boulevard de l'Hôpital, du pont d'Austerlitz, jusqu'au milieu dudit pont, — le milieu de la Seine jusqu'au milieu du pont de Bercy, — l'axe dudit pont et des boulevards de la Gare et d'Ivry, — de la place de la barrière d'Italie et de la rue Mouffetard jusqu'au point de départ.

**50. DE LA GARE.** — Une ligne partant de la route de Choisy et suivant l'axe des boulevards d'Ivry et de la Gare, du pont de Bercy jusqu'au milieu dudit pont, — le milieu de la Seine jusqu'au droit de la limite des terrains militaires, — le pied du glacis jusqu'à la route de Choisy, — et l'axe de ladite route jusqu'au point de départ.

**51. DE LA MAISON BLANCHE.** — Une ligne partant de la rue de la Santé et suivant l'axe des boulevards de la Glacière et d'Italie, — de la route de Choisy jusqu'à la limite des terrains militaires, — le pied du glacis jusqu'à la rue de la Glacière, — l'axe de cette rue et de la rue de la Santé jusqu'au point de départ.

**52. DE CROULEBARBE.** — Une ligne partant du Champ des Capucins et suivant l'axe du boulevard Saint-Marcel jusqu'à la rue Mouffetard, tel qu'il est indiqué à la délimitation du 5e arrondissement, l'axe de ladite rue Mouffetard, de la place de la barrière d'Italie, — des boulevards d'Italie et de la Glacière, — et enfin de la rue de la Santé jusqu'au point de départ.

## 14e. Arrondissement de l'Observatoire.

Une ligne partant du boulevard du Montparnasse, en face de la rue du Départ, suivant l'axe dudit boulevard et celui du boulevard Saint-Marcel jusqu'à la rue de la Santé, tel qu'il est indiqué à la délimitation du 5e arrondissement, — l'axe des rues de la Santé et de la Glacière, jusqu'à la limite des terrains militaires, — et suivant le pied du glacis jusqu'au chemin de fer de l'Ouest, et les limites, côté est, dudit chemin de fer jusqu'au point de départ.

## DÉLIMITATIONS DES QUARTIERS.

53. DE MONTPARNASSE. — Une ligne partant du boulevard du Montparnasse en face de la rue du Départ, suivant le côté est des bâtiments et du viaduc du chemin de fer de l'Ouest jusqu'à la chaussée du Maine, l'axe de ladite chaussée, — de la rue de la Pépinière, — de la route d'Orléans, de la place de la barrière d'Enfer et du boulevard Saint Jacques jusqu'à la rue de la Santé, — l'axe de cette dernière rue et du boulevard Saint-Marcel, tel qu'il est indiqué à la délimitation du 5e arrondissement, — et enfin celui du boulevard du Montparnasse jusqu'au point de départ.

54. DE LA SANTÉ. — Une ligne partant de la place Saint-Jacques et suivant l'axe du boulevard Saint-Jacques, — de la rue de la Santé et de la rue de la Glacière jusqu'à la limite des terrains militaires, — suivant le pied du glacis jusqu'au prolongement de l'axe de la rue de la Tombe Issoire, — et enfin ledit axe jusqu'au point de départ,

55. DU PETIT MONTROUGE. — Une ligne partant de la rue de la Pépinière, en face d'une ruelle en prolongement de la rue du Chemin des Plantes et suivant l'axe de la rue de la Pépinière, de la route d'Orléans et de la place de la barrière d'Enfer, du boulevard Saint-Jacques, — de la rue de la Tombe Issoire et de son prolongement jusqu'à la limite des terrains militaires, — suivant le pied du glacis jusqu'à la route de Châtillon, — l'axe de la route de Châtillon, celui de la route militaire, du chemin de la Croix du Gord, de la rue du Chemin des Plantes jusqu'à la rue des Bœufs, et se prolongeant en ligne droite jusqu'à la rue de la Pépinière, en suivant à l'Ouest les limites des terrains et dépendances de la mairie actuelle.

56. DE PLAISANCE. — Une ligne partant de la limite des terrains militaires, au débouché du chemin de fer de l'Ouest, suivant la limite, côté est, dudit chemin de fer jusqu'à la chaussée du Maine, — l'axe de ladite chaussée et de la rue de la Pépinière jusqu'à la ruelle ouverte en prolongement des limites, côté ouest, de l'ancienne mairie de Montrouge, — suivant l'axe de ladite ruelle, les limites de la mairie et une ligne qui en forme le prolongement direct jusqu'à la rue des Bœufs en face de la rue du Chemin des Plantes, l'axe de ladite rue du Chemin des Plantes, celui du chemin de la Croix du Gord, de la route militaire, de la route de Châtillon, — et enfin le pied du glacis jusqu'au point de départ.

## 15e. Arrondissement de Vaugirard.

Une ligne partant du milieu de la Seine, au droit des limites des terrains militaires, remontant le cours du fleuve jusqu'à l'avenue de Suffren, — suivant l'axe de ladite avenue et de son prolongement jusqu'à la rue Pérignon, — celui de la rue Pérignon, — de l'avenue de Saxe, — de la rue de Sèvres, — du boulevard du Montparnasse jusqu'à la rue du Départ, — suivant ensuite les limites, côté est, du chemin de fer de l'Ouest jusqu'à la limites des terrains militaires, — et le pied du glacis jusqu'au point de départ.

## DÉLIMITATIONS DES QUARTIERS.

57. SAINT-LAMBERT. — Une ligne partant de la limite des terrains militaires, à la rencontre du chemin des Charbonniers, suivant l'axe dudit chemin, de la route militaire, des rues de Sèvres, de la Croix-Nivert, — Mademoiselle, de l'Ecole, de Vaugirard et de la Procession jusqu'au chemin de fer de l'Ouest, — les limites, côté est, dudit chemin jusqu'à l'extrémité des terrains militaires, — et le pied du glacis jusqu'au point de départ.

**58. NECKER.** — Une ligne partant de la rue de la Croix Nivert, en face de la rue Mademoiselle, suivant l'axe de ladite rue, de la place de l'Ecole, de l'avenue de Lowendal, — du prolongement de l'avenue de Suffren jusqu'à la rue Pérignon, celui de la rue Pérignon, de l'avenue de Saxe, de la rue de Sèvres, du boulevard du Montparnasse jusqu'à la rue du Départ, — les limites, côté est, du chemin de fer de l'Ouest jusqu'à la rue de la Procession, — l'axe de ladite rue et des rues de Vaugirard, de l'Ecole et Mademoiselle jusqu'au point de départ.

**59. DE GRENELLE.** — Une ligne partant du pont de Grenelle, au milieu du grand bras, remontant le cours du fleuve jusqu'à l'avenue de Suffren, — et suivant l'axe des avenues de Suffren, — de Lowendal, de la place de l'Ecole, des rues de la Croix Nivert, — des Entrepreneurs et du Pont, et l'axe du pont de Grenelle jusqu'au point de départ.

**60. DE JAVEL.** — Une ligne partant du milieu de la Seine, au droit des limites des terrains militaires, remontant le cours du fleuve jusqu'au pont de Grenelle, — et suivant l'axe dudit pont et des rues du Pont, des Entrepreneurs, — de la Croix Nivert et de Sèvres, de la route militaire et du chemin des Charbonniers jusqu'à la limite des terrains militaires, — et enfin le pied du glacis jusqu'au point de départ.

### 16ᵉ. Arrondissement de Passy.

Une ligne partant du milieu de la Seine, au droit de la limite des terrains militaires, suivant le pied du glacis jusqu'à l'avenue de la porte Maillot, — suivant l'axe de ladite avenue, de la place de l'Etoile, — du boulevard projeté entre cette place et le pont de l'Alma, tel qu'il est indiqué à la délimitation du 8ᵉ arrondissement, l'Axe du pont de l'Alma, — et le milieu du grand bras de la Seine jusqu'au point de départ.

# DÉLIMITATIONS DES QUARTIERS.

**61. D'AUTEUIL.** — Une ligne partant du milieu de la Seine, au droit de la limite des terrains militaires, et suivant le pied du glacis jusqu'à l'avenue conduisant à la porte de Passy, — l'axe de ladite avenue, celui de la route militaire jusqu'au prolongement de l'axe de la rue de l'Assomption, l'axe de ladite rue et celui de l'avenue de Boulainvilliers et du pont de Grenelle, — et le milieu de la Seine jusqu'au point de départ.

**62. DE LA MUETTE.** — Une ligne partant de la limite des terrains militaires, au milieu de l'avenue conduisant à la porte de Passy et suivant le pied du glacis jusqu'à la porte de la Muette, — l'axe de l'avenue de Saint-Cloud, des rues de la Tour prolongée, de la Croix, des Moulins, Vineuse, le côté ouest du mur d'octroi et son prolongement jusqu'au milieu de la Seine, — le milieu du grand bras jusqu'au pont de Grenelle, l'axe dudit pont, de l'avenue de Boulainvilliers, de la rue de l'Assomption et de son prolongement jusqu'à la route militaire, celui de la route militaire et de l'avenue en face de la porte de Passy jusqu'au point de départ.

**63. DE LA PORTE DAUPHINE.** — Une ligne partant de la porte de la Muette et suivant le pied du glacis jusqu'à l'avenue de la porte Maillot, — l'axe de ladite avenue, celui de l'avenue de Saint-Denis, du boulevard de Longchamp, des rues Vineuse, — des Moulins, de la Croix, de la Tour prolongée et de l'avenue de Saint-Cloud jusqu'au point de départ.

**64. DES BASSINS.** — Une ligne partant du milieu de la Seine, en face du prolongement de la face ouest du mur d'octroi, la face dudit mur, — l'axe du boulevard de Longchamp, des avenues de Saint-Denis, — de la Porte-Maillot, de la place de l'Étoile et du boulevard projeté entre cette place et le pont de l'Alma, tel qu'il est indiqué à la délimitation du 8e arrondissement,

l'axe dudit pont, — et enfin le milieu de la Seine jusqu'au point de départ.

### 17e. Arrondissement de Batignolles-Monceaux.

Une ligne partant de la porte Maillot, au droit de
la limite des terrains militaires, et suivant le pied du
glacis jusqu'à l'avenue de Saint-Ouen, — l'axe de ladite avenue, de la grande rue des Batignolles, — des
boulevards des Batignolles, de Monceaux, de Courcelles
et de l'Etoile, de la place de l'Etoile, et enfin de l'avenue de la porte Maillot jusqu'au point de départ.

### DÉLIMITATIONS DES QUARTIERS.

65. DES TERNES. — Une ligne partant de l'avenue de
la porte Maillot, au droit de la limite des terrains militaires, et suivant le pied du glacis jusqu'à la route de
la Révolte, — l'axe de ladite route, des rues de la Fontaine des Ternes, Lombard, des Dames, Desrenaudes,
— des boulevards de Courcelles et de l'Etoile, de la
place de l'Etoile, — et celui de l'avenue de la Porte
Maillot jusqu'au point de départ.

66. DE LA PLAINE DE MONCEAUX. — Une ligne partant du boulevard de Courcelles, en face la rue Desrenaudes et suivant l'axe de ladite rue, celui des rues
des Dames, Lombard, de la Fontaine des Ternes, —
de la route de Révolte, le pied du glacis jusqu'à la
route d'Asnières, l'axe de ladite route, de la rue de
Levis, — des boulevards de Monceaux et de Courcelles
jusqu'au point de départ.

67. DES BATIGNOLLES. — Une ligne partant du boulevard des Batignolles et suivant l'axe de la rue de Levis
et de la route d'Asnières, — le pied du glacis jusqu'à
l'avenue de Clichy, — l'axe de ladite avenue, de la route
militaire, du chemin de ronde de l'Entrepôt, des rues
Cardinet, Lemercier et de la Paix, de l'avenue de Clichy, de la grande rue des Batignolles, — et enfin du
boulevard des Batignolles jusqu'au point de départ.

**68.** DES ÉPINETTES.—Une ligne partant de l'avenue de Clichy, au droit de la limite des terrains militaires, et suivant le pied du glacis jusqu'à l'avenue de Saint-Ouen,— l'axe de ladite avenue,—celui de l'avenue de Clichy, des rues de la Paix, Lemercier et Cardinet, du chemin de ronde de l'Entrepôt, de la route militaire et de l'avenue de Clichy jusqu'au point de départ.

### 18ᶜ Arrondissement de la Butte-Montmartre.

Une ligne partant de l'extrémité ouest du boulevard de Clichy, et suivant l'axe de la grande rue des Batignolles, de l'avenue de Saint-Ouen, jusqu'à la limite des terrains militaires, le pied du glacis jusqu'au chemin d'Aubervilliers, l'axe dudit chemin et de la rue d'Aubervilliers, des boulevards des Vertus, de la Chapelle, des Poisonniers, de Rochechouart, des Martyrs, Pigalle et de Clichy jusqu'au point de départ.

## DÉLIMITATIONS DES QUARTIERS.

**69.** DES GRANDES CARRIÈRES.—Une ligne partant de l'extrémité ouest du boulevard de Clichy et suivant l'axe de la grande rue des Batignolles de l'avenue de Saint-Ouen, — le pied du glacis jusqu'au chemin de Saint-Ouen,— l'axe dudit chemin et du chemin du Ruisseau, celui de la rue Marcadet, du prolongement de la rue des Fontaines, de la rue des Fontaines, de la rue du Vieux Chemin, de la place de l'Abbaye, de la petite rue Royale, et des boulevards Pigalle et de Clichy jusqu'au point de départ.

**70.** DE CLIGNANCOURT.—Une ligne partant des boulevards Pigalle et des Martyrs et suivant l'axe de la petite rue Royale, de la place de l'Abbaye, des rues du Vieux Chemin, des Fontaines et de son prolongement, de la rue Marcadet et des chemins du Ruisseau et de Saint-Ouen, — le pied du glacis jusqu'au chemin de Saint-Ouen à la Chapelle, — l'axe du débouché dudit chemin au-dessous des ouvrages militaires, l'axe de la route militaire et du chemin et de la rue des Poissonniers, — et enfin celui des boulevards Poissonniers, de Rochechouart et des Martyrs jusqu'au point de départ.

**71. DE LA GOUTTE D'OR.**—Une ligne partant des boulevards des Poissonniers et de la Chapelle et suivant l'axe de la rue et du chemin des Poissonniers, de la route militaire, du débouché sous les ouvrages militaires du chemin de Saint-Ouen à la Chapelle, jusqu'au pied du glacis, — le pied du glacis, l'axe de la route de Saint-Denis et la grande rue de la Chapelle, — et du boulevard de la Chapelle jusqu'au point de départ.

**72. DE LA CHAPELLE.** — Une ligne partant des boulevards de la Chapelle et des Vertus et suivant l'axe de la grande rue de la Chapelle, de la route de St-Denis, jusqu'à la limite des terrains militaires, — le pied du glacis, — l'axe du chemin et de la rue d'Aubervilliers — et du boulevard des Vertus, jusqu'au point de départ.

## 19e. Arrondissement des Buttes-Chaumont.

Une ligne partant des boulevards des Vertus et de la Villette, et suivant l'axe de la rue et du chemin d'Aubervilliers, jusqu'à la limite des terrains militaires, — le pied du glacis jusqu'à la route de Romainville, — l'axe de la dite route, des rues du Parc et de Paris, — et des boulevards de la Chopinette, du Combat et de la Butte-Chaumont, de la place de la Rotonde, et enfin du boulevard de la Villette jusqu'au point de départ.

## DÉLIMITATIONS DES QUARTIERS.

**73. DE LA VILLETTE.** — Une ligne partant des boulevards de la Villette et des Vertus, et suivant l'axe de la rue et du chemin d'Aubervilliers jusqu'au chemin de Saint-Ouen, — l'axe dudit chemin, des rues Saint-Denis et Royale,—de la route d'Allemagne, de la rue de Meaux, du boulevard de la Butte-Chaumont, de la place de la Rotonde et du boulevard de la Villette jusqu'au point de départ.

74. DU PONT DE FLANDRES. — Une ligne partant du chemin d'Aubervilliers, en face du chemin de Saint-Ouen, et suivant l'axe du chemin d'Aubervillers, — le pied du glacis jusqu'à la route d'Allemagne, — l'axe de ladite route, — celui des rues Royale et Saint-Denis, et du chemin de Saint-Ouen jusqu'au point de départ.

75. D'AMÉRIQUE. — Une ligne partant de la rue de Paris et suivant l'axe des rues de la Villette et de Crimée, — de la route d'Allemagne jusqu'à la limite des terrains militaires, — le pied du glacis jusqu'à la route de Romainville, l'axe de ladite route, et enfin l'axe des rues du Parc et de Paris jusqu'au point de départ,

76. DU COMBAT. — Une ligne partant des boulevards de la Butte-Chaumont et du Combat, et suivant l'axe de la rue de Meaux et de la route d'Allemagne, — et des rues de Crimée et de la Villette, — de la rue de Paris, — et enfin des boulevards de la Chopinette et du Combat jusqu'au point de départ.

## 20ᵉ. Arrondissement de Ménilmontant.

Une ligne partant des boulevards de la Chopinette et de Belleville, suivant l'axe des rues de Paris et du Parc, de la route de Romainville jusqu'à la limite des terrains militaires, — le pied du glacis jusqu'au cours de Vincennes, — l'axe dudit cours, — et celui des boulevards de Montreuil, de Charonne, de Fontarabie, d'Aunay, des Amandiers, des Trois-Couronnes et de Belleville jusqu'au point de départ.

## DÉLIMITATIONS DES QUARTIERS.

77. DE BELLEVILLE. — Une ligne partant des boulevards de la Chopinette et de Belleville, et suivant

l'axe des rues de Paris, — de Calais, — de la chaussée de Ménilmontant, — et des boulevards des Trois Couronnes et de Belleville jusqu'au point de départ.

78. SAINT-FARGEAU. — Une ligne partant de la rue du Parc, en face de la rue de Calais, et suivant l'axe de ladite rue du Parc, de la route de Romainville jusqu'à la limite des terrains militaires, — le pied du glacis jusqu'à la route de Bagnolet, — l'axe de la dite route, — de celle de Pantin à Charonne, — de la rue de Charonne, — de la chaussée de Ménilmontant, — et de la rue de Calais jusqu'au point de départ.

79. DU PÈRE LACHAISE. — Une ligne partant des boulevards des Trois Couronnes et des Amandiers et suivant l'axe de la chaussée de Ménilmontant, — de la Rue de Charonne, de la route de Paris à Charonne, de la route de Bagnolet, des rues de Paris et de Fontarabie, — des boulevards de Fontarabi d'Aunay et des Amandiers jusqu'au point de départ.

80. DE CHARONNE. — Une ligne partant des boulevards de Fontarabie et de Charonne et suivant l'axe des rues de Fontarabie et de Paris, de la route de Bagnolet jusqu'à la limite des terrains militaires, — suivant le pied du glacis jusqu'au cours de Vincennes, — l'axe dudit cours, — et enfin des boulevards de Montreuil et de Charonne jusqu'au point de départ.

FIN

Paris. — Typ. Braulé, rue Jacques de Brosse, 10.

Paris 20 arrondissements

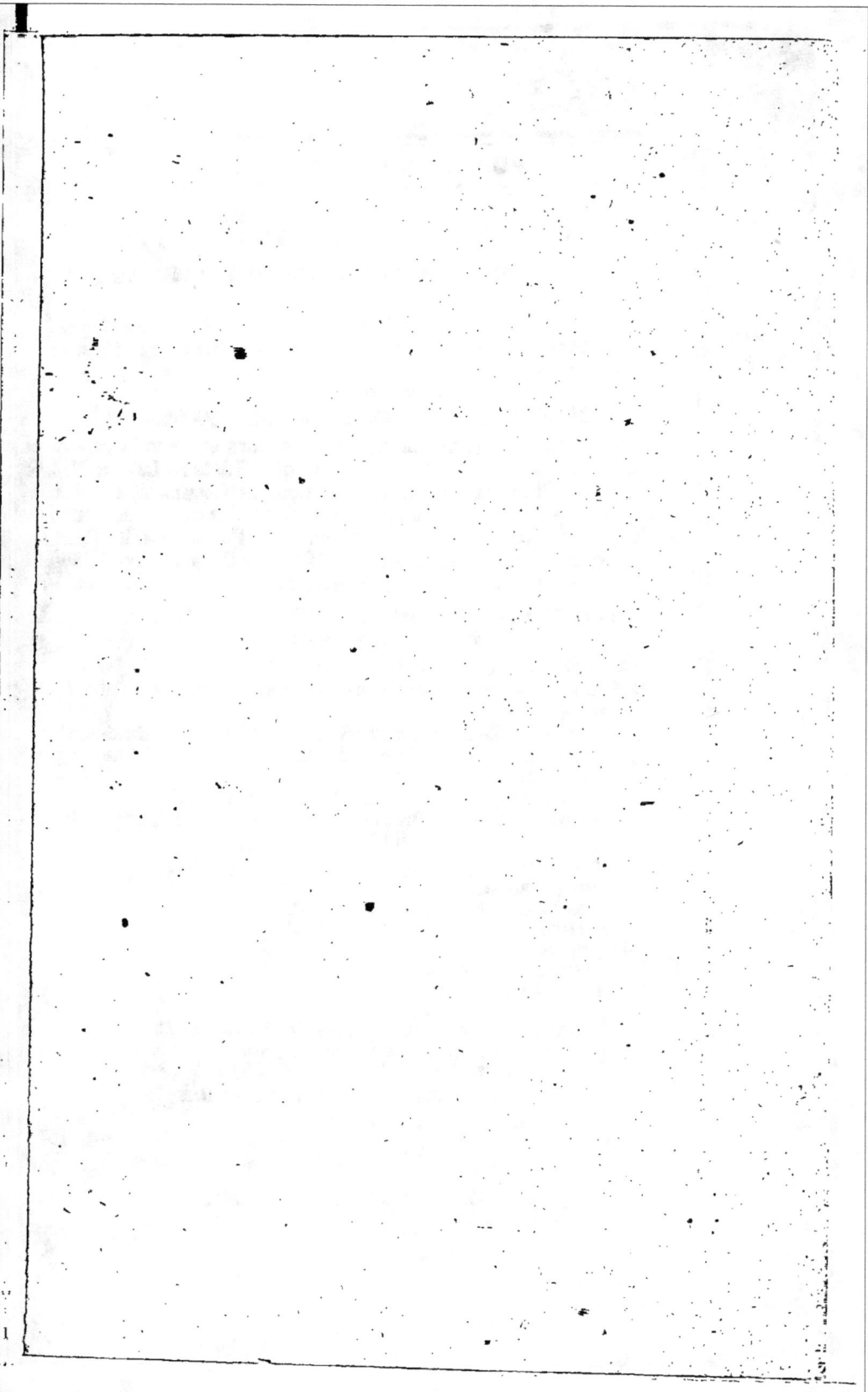

PUBLICATION HEBDOMADAIRE

# PARIS LYRIQUE

## ALBUM POPULAIRE (FORMAT GUITARE)

CONTENANT

*Romances, Chansons, Chansonnettes, Scènes comiques, Barcarolles, Mélodies, Chants maritimes et Chants rustiques*

Publiés avec le CHANT NOTÉ

### SOUS LA DIRECTION DE A. MARQUERIE

En collaboration des premiers Compositeurs et avec le concours des Auteurs les plus en vogue tels que Gustave LEROY, Victor DRAPPIER, Ch. GILLE, V. RABINEAU, Charles COLMANCE, H. NADAUD, Alexis DALÈS, LANDRAGIN, E. BAILLET, BARILLOT, A. DUPONT, Eugène IMBERT, Eugène BERTHIER, H. PIAUD, Carle DABIER, Pierre LACHAMBEAUDIE, C. GENOUX, M⁰ᵉ Elie DELESCHAUX, A. JOLLY, A. PORTE, Al. GUÉRIN, H. DEMANET, FESTEAU, A. PISTER, etc.

## Paraissant tous les Dimanches — Prix : 20 cent.

### ABONNEMENTS

Six mois . . . . . **5** fr. | Un an . . . . . . **10** fr.

Les Abonnés recevront les livraisons *franco* à domicile dans toute la France.

*Nota.* Tout abonné d'un an recevra, avec la cinquante-deuxième Livraison, une Table des matières, une riche couverture et une magnifique lithographie.

### ON S'ABONNE A PARIS CHEZ LES ÉDITEURS

DURAND, rue Jacques de Brosse, 10 — L. VIEILLOT, rue Notre-Dame de Nazareth, 52

Dépôts
- DUTERTRE, passage Bourg l'Abbé, 18 et 20.
- POURREAU, rue de la Harpe, 82.
- DALLAY et CONCHON, rue Mazarine, 11.
- TROUVET, rue du Croissant, 10.
- CASSANET, rue des Gravilliers, 25.
- HURÉ, rue Dauphine, 41.
- HAVARD, rue Guénégaud, 15.
- M⁰ᵉ LEPINE, rue de Sèvres, 72.
- DELAVIER, rue Notre-Dame des Victoires, 11.
- JONDE, rue du Vieux Colombier, 10.
- MARCHAND, rue de Rivoli, 140.

A LYON, chez DALLAY et CONCHON

A BRUXELLES

SIMART, rédacteur-gérant, passage de la Reine, galerie de Saint-Hubert, 15, au bureau du journal *les Pupilles de Béranger.*

Paris. — Typ. Beaulé, rue Jacques de Brosse, 10.

www.ingramcontent.com/pod-product-compliance
Lightning Source LLC
Chambersburg PA
CBHW060804280326
41934CB00010B/2551